AF496011

Ih 9.
13.

LES OFFICIERS

DU VAISSEAU

LE RÉVOLUTIONNAIRE,

AU

PEUPLE FRANÇAIS.

LES OFFICIERS

DU VAISSEAU

LE RÉVOLUTIONNAIRE,

CI-DESSOUS SIGNATAIRES,

AU PEUPLE FRANÇAIS.

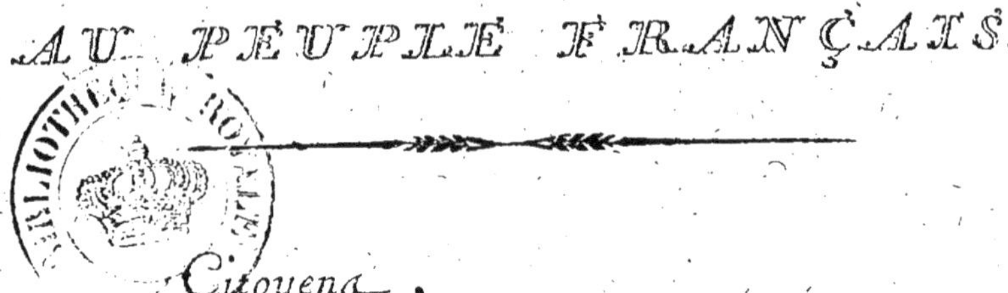

Citoyens,

L E S officiers du vaisseau le *Révolutionnaire*, languissant depuis cinq mois dans les maisons d'arrêts, accusés par le député Jean-Bon-St André, nous lui opposons l'extrait du journal tenu à bord. Nous laissons aux lecteurs le soin d'apprécier les contradictions de celui rédigé par le représentant Jean-Bon; et quand les deux auront été bien sentis, ils diront si les officiers d'un vaisseau qui a été entièrement désemparé, attaqué, environné par dix à douze bâtimens anglais, engagé par le corps de leur armée, abandonné de la sienne; ils diront si les officiers sont indignes de la liberté qu'ils ont

A

défendue de tout leur pouvoir ; ils diront si c'est parce que la Convention nationale ordonne de libérer et d'employer tous les marins dont les bras lui sont nécessaires, qu'on nous refuse constamment depuis cinq mois, et la faculté d'être jugés, et même celle de nous faire entendre.

Nota Nous plaçons plus bas l'extrait du rapport de Jean-Bon, quant à ce qui nous concerne ; à côté nos réponses et l'extrait de notre journal qui les motivent, sont rapportés en lettres romaines.

***

EXTRAIT du Journal tenu à bord du vaisseau le Révolutionnaire, *depuis le 9 prairial jusqu'à son arrivée en rade de l'île d'Aix, le 20 du même mois, l'an deux de la République Française, une et indivisible.*

AUJOURD'HUI 9 prairial, à quatre heures du matin (temps civil), les vents au sud sud-ouest, bon frais, l'armée sur trois colonnes, faisant route au nord-est et nord-est-quart-nord.

A quatre heures et demie, le général donna ordre à la frégate le *Brutus* de chasser à la droite, et à deux autres frégates de chasser à la gauche où étoit un bricq inconnu.

A huit heures cinquante minutes, les chasseurs de la gauche ont signalé onze voiles dans le nord-nord-est. Le général fit signal au vaisseau le *Pelletier* de chasser à la gauche.

A 9 heures quarante-cinq minutes, le général fit signal à l'armée de faire branle-bas et de se disposer au combat. Nous comptions trente-cinq voiles que nous jugeâmes être anglaises ; elles nous restoient dans le nord-est à la distance de trois lieues et demie. Le général ordonna à l'armée de former la ligne de bataille dans l'ordre renversé, de tenir le vent tout à la fois, et de gouverner au

---

EXTRAIT du Journal sommaire de la croisière de la flotte de la République, commandée par le contre-amiral *Villaret*, tenu par le Représentant du peuple *Jean-Bon-St. André*, embarqué sur le vaisseau la *Montagne*.

Page 33 et suivantes.

« *L'ennemi revira de bord comme nous ; quelqu'uns de ses vaisseaux se trouvoient assez près de notre arrière-garde : il étoit déja nuit ; nous vîmes échanger quelques coups de canon .*

« Les coups de canon portant à bord, tirés par deux vaisseaux de tête de l'escadre légère ennemie, ont commencé à cinq heures du soir ; c'étoit le 28 mai (vieux style) : pouvoit-il faire nuit ?

A 2

nord-nord-ouest, les vents étoient alors sud-sud-ouest; à onze heures grand frais, la mer grossissant, l'armée sans ordre; les deux premières escadres en panne, la troisième manœuvrant pour prendre la tête de la ligne de bataille, les vents toujours sud-sud-ouest.

A midi, même temps, l'armée sans ordre, manœuvrant toujours pour former la ligne de bataille dans l'ordre renversé.

A une heure, l'armée ennemie vira de bord, et prit les mêmes amures que nous.

A deux heures, le général répéta le signal de former la ligne de bataille dans l'ordre renversé en

---

« Se pourroit-il que Jean Bon-Saint-André ignorât que le premier coup de canon a été tiré à quatre heures et demie environ, et le dernier à onze heures; que le *Révolutionnaire* pendant les six heures de son combat, a successivement essuyé le feu de l'escadre légère ennemie et qu'il fut enfin enveloppé par son corps d'armée.

» Appeler une semblable affaire un échange de quelques coups de canon, c'est entreprendre de ternir l'honneur d'un combat où l'on devoit entrer pour quelque chose de plus que pour des observations.

mettant les amures à stribord. A la même heure, l'estrope de la poulie d'écoute du grand hunier cassa, et pendant qu'on travailloit à réparer cette avarie, le capitaine fit prendre les riz dans les huniers.

A deux heures et demie, la poulie étoit réparée et regréée. Le général ordonna à tous les bâtimens de l'armée de répéter les signaux.

A deux heures quarante-cinq minutes, le général a signalé, pour la troisième fois, de former la ligne de bataille dans l'ordre renversé, les amures à stribor d; la colonne de la tête n'exécutoit point cet ordre avec célérité.

Le général vira de bord vent-devant, et prit les amures à stribord.

L'armée continua la même bordée jusqu'au point du jour du lendemain. Les frégates eurent ordre de parcourir la ligne pendant toute la nuit, d'observer si les vaisseaux gardoient leurs postes, de leur recommander de se serrer. Le Brutus reçut particulièrement l'ordre de se porter à l'arrière-garde, et de s'informer si les vaisseaux de la queue avoient souffert de la canonnade, et de venir en rendre compte.

» L'armée en effet reçut encore vers sept heures et demie l'ordre de forcer de voile, quoique nous fussions depuis long-temps aux prises avec l'escadre légère, et même hors d'état de conserver notre poste dans la ligne.

A trois heures un quart, nous virâmes lof pour lof, les amures à stribord ; l'armée ennemie couroit bâbord, son escadre légère composée de huit bâtimens étoit presque dans nos eaux. Le vaisseau de tête de cette escadre nous a tiré ainsi qu'au *Brutus*, plusieurs coups de canon, mais nous étions hors de portée.

Le général donna ordre au *Brutus* de prendre la queue de l'armée ; nous forcions de voiles pour prendre notre poste, lorsqu'à trois heures 3 quarts, le général nous donna ordre de prendre poste derrière le vingt-huitième bâtiment, qui étoit le *Mucius* ; ensuite nous reçûmes et exécutâmes l'ordre de prendre la queue de l'armée.

Le lendemain en développant la ligne, nous nous apperçûmes que le vaisseau le Révolutionnaire s'étoit séparé de nous.

» Beaucoup d'autres n'auroient pas attendu au lendemain pour conclure qu'un vaisseau, joint et attaqué par plusieurs vaisseaux ennemis, finiroit enfin par être séparé de son armée ; surtout si celle-ci l'abandonnoit ; cela étoit d'autant plus certain que le général français avoit donné alors ordre de forcer de voiles : le *Révolutionnaire* désemparé ne put suivre, bien moins encore rejoindre.

'A quatre heures, l'armée anglaise prit les mêmes amures que nous. Les vaisseaux de tête de notre armée diminuèrent de voiles ; les vaisseaux de queue firent de même en prenant leurs postes , et nous mîmes aussi le vent sur le grand hunier pour nous maintenir à celui qui nous étoit assigné.

A quatre heures et demie , l'escadre légère de l'armée ennemie étant dans nos eaux à peu de distance , deux vaisseaux de la tête tirèrent sur nous et sur le *Brutus* plusieurs coups de canon ; nous étions hors de la portée : le *Brutus* reçut ordre de tenir le vent et de parler au général.

A cinq heures , ils se mirent à notre hanche de bâbord , et nous envoyèrent autant de bordées

---

Ce vaisseau avoit-il souffert de la canonnade de la veille, et son état étoit tel qu'il ne put suivre ?

Le poste du Révolutionnaire, *dans l'ordre renversé que nous tenions alors, étoit à l'arrière-garde ; mais son poste particulier dans cette arrière-garde étoit après* l'América *qui en étoit le chef de file.*

» Jean-Bon n'a dû ignorer ni notre combat ni notre position. S'il l'a vu sans s'émouvoir, il a été bien indifférent ; s'il l'a pris pour un simple échange de coups de canon , il est bien sourd.

qu'ils purent, leurs boulets portoient à bord : l'armée française étoit sous petite voilure.

A cinq heures et demie, nous avons engagé le combat avec quatre vaisseaux, dont deux nous ont pris en hanche de bâbord et deux en poupe.

A cinq heures cinquante minutes, les bras et boulines du grand hunier et les drisses du perroquet de fougue ont été coupés : occupés à réparer les manœuvres avariées, nous ne pûmes riposter qu'avec la seconde et troisième batterie, parce que la mer

---

La veille il avoit demandé d'être le serre-file de la ligne, le général l'avoit refusé, parce que cette place ne convenoit pas à un vaisseau à trois ponts.

Si donc le vaisseau le Ré-volutionnaire avoit souffert, c'étoit parce qu'il n'avoit pas pris son véritable poste.

D'ailleurs, pouvoit-il se séparer de l'armée sans en avoir demandé et reçu la permission, sans avoir fait connoître les besoins qui la nécessitoit ?

» Le *Révolutionnaire* étoit au poste que lui avoient désigné les signaux faits vers les quatre heures, trente minutes.

» En supposant vraie l'inculpation précédente, ce pourroit être une raison pour censurer le capitaine, et jamais pour abandonner le bâtiment.

» A huit heures et demie, les fanaux qu'on tenta de mettre en vue à l'armée, furent brisés entre les mains des timonniers ; l'armée forçoit de voiles, s'étoit éloignée déja ; nous étions désemparés, enveloppés de fumée, environnés d'ennemis. Le Représentant ne voyoit point notre engage-ment, eût-il vu nos signaux ?

grossissant

grossissant et étant au vent, il étoit impossible de se servir de la première. Les quatre vaisseaux continuèrent de nous canonner jusqu'à sept heures : alors trois vaisseaux de l'escadre légère de l'armée ennemie nous joignirent, et nous envoyèrent leur bordée à brûle pourpoint, quoique nous fissions sur eux le feu le plus vif ; leurs boulets coupant notre gréement emportoient nos voiles ; les gaillards et les passe-avans étoient couverts des débris de nos manœuvres. La roue du gouvernail fut emportée et la drosse coupée, ce qui nous força de gouverner en bas.

A sept heures et demie, le général ordonna à l'armée de forcer de voiles. Le capitaine fit amurer la misaine ; mais les bras et boulines du grand hunier se trouvèrent une seconde fois coupés : on fut obligé de recarguer la misaine.

Cette affaire demandera d'être éclaircie après notre retour à Brest.

« Nous aurions été jugés sans les évènemens du 10 termidor par le tribunal révolutionnaire de cette ville ; on sait comment les patriotes s'en tiroient : au surplus il y a cinq mois que nous sollicitions à grands cris notre jngement et nous commençons à croire qu'on est plus intéressé que nous à s'envelopper du mistère.

B

A sept heures quarante-cinq minutes , la vergue du grand hunier fut coupée , et beaucoup de ses manœuvres dormantes et courantes , ce qui nous obligea de rester en arrière , et nous mit hors d'état de conserver notre poste : nous tombions de plus en plus dans l'armée ennemie ; deux de ses vaisseaux à trois ponts nous joignirent et nous doublèrent sous le vent ; ils nous envoyèrent leurs bordées , puis ils ont changé , et d'autres ont pris successivement leurs places.

A huit heures , le feu prit dans notre hune d'artimon , au moyen d'un artifice qui nous fut lancé : on se disposoit à couper le mât , lorsque les boulets de l'ennemi amenèrent sa chute. Le capitaine donna l'ordre de faire connoître notre position au général ; on ne put l'exécuter , les fanaux ayant été brisés sur la dunette entre les mains des timonniers , qui tentoient de les mettre à la vue du général.

Le contre-amiral Nielly nous dit qu'il avoit laissé l'Audacieux à la poursuite d'un vaisseau désemparé qu'il jugeoit ennemi.

Nous pensâmes que ce pouvoit bien être le Révolution- » Ici Jean-Bon avoue que nous avions essuyé le feu de

A huit heures trois quarts, notre vergue de misaine a été coupée presque par la moitié ainsi que la suspente ; une partie de la vergue tomba à la mer et l'autre sur le devant du vaisseau : nous étions totalement désemparés, nos haubans coupés et à bas, nos mâts criblés et prêts à tomber. L'artillerie des vaisseaux ennemis tonnoit sur nous de toutes parts sans interruption ; deux de ces vaisseaux étant fort près , le capitaine fit faire, par notre mousqueterie, le feu le plus vif et le mieux soutenu ; mais comme nous étions entre dix ou douze bâtimens ennemis, ils nous criblèrent de leur mitraille. Le capitaine envoya plusieurs fois pour voir s'il n'étoit pas possible de se servir de la première batterie ; le citoyen Dumoncel, commandant en second de la batterie, fit ouvrir les hublots, présence des envoyés, afin qu'ils rendissent eux-mêmes compte de l'impossibilité où l'on étoit de se servir de la

---

naire *qui , la veille du combat , avoit essuyé le feu de l'escadre légère de l'ennemi.*

l'escadre légère ennemie ; et de là il pense que le vaisseau désemparé peut être le nôtre, et le neuf à sept heures et demie, ce devoit être si peu de chose qu'affectant de prendre notre affaire pour un simple échange de quelques coups de canon , il faisoit forcer de voiles à l'armée.

batterie, puisque l'eau embarquoit en quantité par les hublots. Enfin, comme le vaisseau ne pouvoit plus manœuvrer, le capitaine fit descendre aux batteries les hommes de la manœuvre.

A neuf heures et demie, une balle barrée atteignit le capitaine et l'étendit roide mort. On demanda le citoyen Coroller, premier lieutenant, pour le remplacer; mais il étoit blessé. Le citoyen Molnaie, deuxième lieutenant, étoit tué avant le capitaine : on fit appeler le citoyen Renaudant, qui prit le commandement.

A dix heures et demie, le citoyen Dumoncel voulant se servir de la batterie basse, sans pourtant exposer le vaisseau à couler, prit le parti de commander le feu de section, en faisant ouvrir seulement quatre sabords à la fois, et n'eut pas tiré quatre coups, que la grande quantité d'eau qui

---

Mais je n'en fus pas moins étonné que le capitaine de ce vaisseau abandonnât son poste sans en dire les motifs.

» Nous comptions qu'au lieu de reproches, la mémoire du brave Vandougen auroit reçu à la tribune nationale, un éloge éclatant : seroit-il nécessaire à la politique de Jean-Bon de refuser aux mânes de ce courageux capitaine, le tribut d'éloge que son dévouement à sa patrie adoptive lui mérite ».

embarquoit le contraignit de refermer les sabords. Nous avions vingt canons hors de service, dont deux de trente-six ; l'affût de l'un étoit démonté, les boucles et crocs de l'autre repoussés ; sept de vingt-quatre, les uns ayant leurs affûts brisés, leurs boucles arrachées, et un le tourrillon emporté ; sept de douze démontés de leurs affûts, crocs et boucles ; une caronnade, dont le tourrillon fut emporté ; trois canons des gaillards démontés, et tous les autres engagés par les débris du gréement. Nous avions deux trous sur l'arrière dans l'eau, huit sur les flancs à la flottaison, qui faisoient beaucoup d'eau ; nous avions aussi onze pouces d'eau sur les vaigues, un sabord de la batterie basse enfoncé ; nous sommes toujours restés entourrés par dix à douze bâtimens, qui nous ont canonnés pendant plusieurs heures les uns après les autres. Le capitaine, deux lieutenans étoient morts, quatre autres officiers blessés, et environ cent soixante hommes de l'équipage hors de combat.

A onze heures, l'officier commandant fit amener le pavillon ; deux officiers présens voulurent lui faire quelques observations ; il n'en tint pas compte et des endit dans les batteries en criant, *bas le feu;* il fut alors blessé par la mitraille de l'ennemi : les ennemis nous abandonnèrent. Le citoyen Doré, le plus ancien des lieutenans , prit le commandement du vaisseau ; nous fîmes gréer les deux pompes , et ensuite nous arrivâmes le cap à l'est-nord-est , les vents toujours de la partie du sud-sud ouest , bon frais.

A onze heures vingt minutes , un des bâtimens ennemis tira un coup de canon ; l'officier commandant ordonna de cacher les feux.

A onze heures et demie , notre grand mât tomba à stribord , et peu de temps après celui de misaine tomba également sur stribord : nous fûmes obligés d'amarrer notre barre à bâbord ; il ne nous resta que notre beaupré et environ vingt-cinq pieds du mât de misaine, quinze pieds du grand mât et douze pieds du mât d'artimon. La chute de notre mâture occasionna des roulis très-violens , les canons avariés dérapèrent : le reste de la nuit a été employé à saisir les canons, et au point du jour nous avons fini de nous débarrasser des débris du gréement ; nous avons ensuite gréé notre bonnette basse au tronc du mât de misaine et gouverné au près du vent, stribord ; notre petite voile nous faisoit faire une demi-lieue et quelques fois deux nœuds.

Aujourd'hui 10 Prairial

A huit heures et demie du matin, nous eûmes connoissance de quatre bâtimens dont deux nous ont doublé au vent sur l'avant : à notre travers au vent, étoit une corvette et une frégate distant d'environ deux lieues ; celle-ci tira un coup de canon, les autres bâtimens arborèrent leurs pavillons, leurs flâmes, nous n'en pûmes distinguer la couleur ; ces bâtimens ne nous approchèrent point.

A dix heures, le commandant fit lancer à la mer par ceux de la troupe qui n'étoient point occupés à la pompe, trois des canots les plus endommagés dont les débris embarrassoient la manœuvre de la troisième batterie. Le reste de l'équipage travailloit tant à regréer le vaisseau qu'a rétablir ses batteries.

A midi, les vents diminuèrent un peu ; le bâtiment rouloit beaucoup, la mer étant très-mauvaise : l'équipage après son dîner, continua de gréer les fourches.

A deux heures et demie, nous eûmes connoissance de six bâtimens au vent à nous ; nous avions une fourche de gréée pour devant, les caliornes éguilletées, il n'y avoit plus qu'à les mâter. Nous apperçûmes que trois des six bâtimens venoient sur

nous; c'étoit un vaisseau, une frégate et une corvette : à ~~neuf~~ heures et demie, ils étoient à peu
près à une demi-lieue de nous ; le vaisseau tira un
coup de canon qui fut le signal auquel les autres
bâtimens répondirent en hissant leurs pavillons et
leurs flâmes que nous reconnûmes. être françaises,
le vaisseau fit une arrivée, et nous présenta le côté.
nous le reconnûmes pour l'*Audacieux* qui étoit
notre serre-file dans la campagne de Quibéron. Les
cris de vive la République, se firent entendre de
toutes parts de notre vaisseau ; le vaisseau et la
frégate nous accostèrent et mirent en panne, mirent chacun un canot à la mer et vinrent à bord.

Le capitaine de l'*Audacieux* envoya à la corvette
le *Jean-Bart* rendre compte au contre-amiral Nielly,
de la division duquel il faisoit partie : peu de temps
après il expedia la frégate l'*Unité*; nous disposâmes
ensuite nos grelins pour faire une remorque que le
capitaine de l'*Audacieux* envoya prendre.

Lors de la découverte des susdits bâtimens, le
commadant du nôtre ordonna de jeter à la mer
quelques fusils et pistolets qui se trouvèrent dans
la chambre de conseil. Sur les représentations qui
lui furent faites, il répondit : « Qu'il avoit cru ces
» bâtimens ennemis, et que l'impossibilité de se
défendre

» défendre, à raison de la grande agitation du
« vaisseau, l'avoit déterminé à se conduire ainsi ;
» qu'au surplus il en rendroit compte ».

A cinq heures, notre remorque étoit élongée ;
l'*Audacieux* fit éventer ses voiles, et en roidissant
la remorque, elle cassa ; il mit en panne et nous
la lui donnâmes une seconde fois.

La frégate qui rejoignit bientôt, dit au capitaine
de l'*Audacieux* que le temps noir et la brume lui
faisoient appréhender de tomber dans l'armée ennemie ; le capitaine lui donna ordre de nous suivre :
*la corvette n eut point cette crainte, elle continua
sa route.* Notre surprise fut à son comble en voyant
le capitaine de l'*Audacieux* garder la frégate et
nous remorquer, tandis qu'elle seule pouvoit nous
suffire, et qu'il étoit ainsi dans la possibilité de
rejoindre sa division qui forçoit de voiles pour se
rendre au lieu d'où partoient les coups de canon des
deux armées qui étoient aux prises. C'est du moins
le rapport que nous firent les officiers du vaisseau
l'*Audacieux* quand il vinrent à bord ; ils nous dirent
qu'ils avoient entendu une canonnade depuis dix
heures du matin jusqu'à deux heures, instant où
ils reçurent l'ordre de venir reconnoître le vaisseau
désemparé, et que cette canonnade ne pouvoit
venir que d'un combat naval.

C

Nous continuâmes notre route, le temps étoit brumeux ; il n'y eut rien de nouveau pendant la nuit : la journée du onze, on l'employa à réparer les batteries et au gréement du vaisseau ; le temps resta le même, les vents au sud.

— *Aujourd'hui 12 Prairial* —

A huit heures du matin, le capitaine de l'*Audacieux* envoya son canot à bord ; le temps étoit brumeux, presque calme : le citoyen Doré se rendit à bord du vaisseau l'*Audacieux*, et nous avertit à son retour que le capitaine de ce bâtiment alloit nous envoyer cinquante prisonniers anglais ; son canot fit effectivement trois voyages, de sorte qu'ils étoient tous rendus et arrivés à midi. La première et deuxième batteries étoient réparées, notre gréement de voiles quarrées finies ; nous continuâmes celui de quelques voiles en pointes.

Le sous-chef fit l'appel ; il y avoit soixante deux hommes tués, quatre-ving-six blessés, vingt à vingt-deux au poste avant le combat.

A deux heures de l'après midi, le capitaine de l'*Audacieux* envoya demander l'officier qui avoit été mis aux arrêts. Il partit sur le champ ; un instant après le même capitaine envoya demander un autre officier qui se rendit également à ses ordres ; ils furent absens environ une demi-heure, et revinrent accompagnés des capitaines de l'*Audacieux* et de la frégate, et de deux autres officiers qui ne restèrent qu'une demi-heure à notre bord : comme ils ne nous ont rien communiqué sur l'objet de leur visite, nous ignorons si elle tendoit à constater l'état de délabrement du vaisseau.

A trois heures et demie, le vaisseau l'*Audacieux* largua notre remorque que nous rembarquâmes par le calme ; dans l'après midi nos blessés furent montés : la nuit fut calme.

—*Aujourd'hui 13 Prairial.*—

A sept heures et demie du matin, il vint une brise de vent de nord, nous préparâmes nos grélins ; l'*Audacieux* prit la remorque et nous fîmes route. La frégate eut ordre de chasser en avant ; nous continuâmes à réparer le vaisseau ; nous avions gréé une gaule d'enseigne, sur laquelle nous gréâmes ensuite un tap-cul ; nous eûmes connoissance dans l'après midi de deux cutters français ; le capitaine de l'*Audacieux* leur enjoignit de mettre leur numéro, ce qu'ils exécutèrent.

A cinq heures, le capitaine leur défendit de communiquer avec la terre.

C 2

A sept heures, des cutters nous avoient ralliés ; l'*Audacieux* et la frégate communiquèrent avec eux ; et puisque les cutters ne communiquèrent point avec le *Révolutionnaire*, c'étoit donc notre vaisseau qui leur avoit été désigné par le mot de *terre*, dont nous étions distans de près de cent lieues.

A huit heures, il nous tomba un homme à la mer ; nous demandâmes un canot à l'*Audacieux*, il nous envoya celui de la frégate ; l'homme ne put être sauvé, on ne trouva que son bonnet, qu'on ne nous a point rapporté, parce qu'il étoit défendu à ce canot de mettre à bord : la nuit étoit assez belle, les vents à l'est-nord-est.

—*Aujourd'hui 14 Prairial.*—

A cinq heures du matin, le capitaine de l'*Audacieux* envoya demander l'état de situation de l'équipage ; le commandant le lui fit donner ; un instant après il demanda le procès verbal du combat, le commandant répondit qu'il n'étoit pas encore achevé ; qu'après avoir bien fait son devoir, il croyoit le bien faire encore en secourant les blessés, et en disposant le vaisseau pour le combat.

Nous avons disposé dans la matinée un petit mât de hune pour devant.

A dix heures, le capitaine de l'*Audacieux* vint à bord avec un de ses enseignes, le capitaine de la fregate et son lieutenant ; il appela le maître d'équipage et fit avertir tout le monde par un coup de sifflet de passer derrière ; il monta ensuite sur le banc de quart et ordonna au nom de la loi, de reconnoître pour chef-du vaisseau ces officiers ; un de nous représenta que nous n'avions pas mérité ce traitement, il répondit qu'il existoit une loi qui l'autorisoit à agir ainsi : soumis au décret, les officiers du *Révolutionnaire* leur obeiront toujours; mais si le capitaine de l'*Audacieux* s'est autorisé de ce qui n'existe pas, ils réclameront justice du traitement injurieux qu'ils ont subi. Ce capitaine ordonna aux citoyens Dorée et Dumoncél de s'embarquer dans son canot et de se rendre à son bord; ils obéirent sur le champ : nous fûmes encore six jours avant d'arriver à l'Isle d'Aix.

—*Aujourd'hui 20 Prairial.*—

A huit heures du soir, nous mouillâmes et affourchâmes nord et sud, distance de l'île d'Aix environ un quart de lieue.

A huit heures et demie, le capitaine de l'*Audacieux* nous défendit la communication avec la terre ; le commandant du *Révolutionnaire* fut à son bord : la nuit a été belle.

— Aujourd'hui 21 Prairial. —

A huit heures et demie du matin , le citoyen Topsent , représentant du peuple, vint à bord accompagné de Pilastre , capitaine de l'*Audacieux*, le commandant du *Révolutionnaire* , établi par le premier et de l'officier commandant le détachement d'infanterie du vaisseau l'*Audacieux*.

Le Représentant du peuple fit appeler tous les officiers du bord et tous les premiers maîtres ; il demanda par quel hasard nous avions été les seuls maltraités ; nous lui répondîmes que pour mieux l'instruire du fait, nous désirions lui donner lecture d'un de nos journaux : on lui en présenta un qu'il fit lire ; mais il fut interrompu à la moitié par le capitaine de l'*Audacieux* qui assura le Réprésentant que tout étoit faux , et qu'on vouloit le tromper ; nous lui avons observé que nos journaux contenoient exactement la vérité. Le Représentant dit qu'il croyoit qu'il n'y avoit point de coupables ; mais que pour mesure de sureté , on nous conduiroit à la maison d'arrêt, et qu'il nommeroit une commission militaire pour examiner notre conduite.

A trois heures de l'après midi, il vint à bord un officier avec douze hommes de garde qui nous menèrent à la maison d'arrêt du temple à Rochefort.

SIGNÉ, *Doré*, aîné; lieutenant de vaisseau; *Corthier*, capitaine d'artillerie ; *Yves-François*, enseigne, *Leblond*, sous-lieutenant d'infanterie; *Henry*, *François Poidloue*, enseignes; *J.-Baptiste-Théodose David*, enseigne; *Leguen*, enseigne; *Grégoire Restoat*, enseigne; *Lissidour*, *enseigne*; *Guillaume Dumoncel*, lieutenant ; *Mourgues*, lieutenant d'infanterie ; *Michel Lebon*, maître canonnier; *Pitar*, premier maître de charge ; *Donnard*, maître d'équipage ; *Girardot*, institu-tuteur ; *Brunelierre*, *Dernier*, *Hitt*, *Année*, seconds maîtres canonniers; *Louis-Joseph Maniel*, canonnier ; *antoine Fasse*, idem ; *Corbelland*, maître canonnier; *Gaillout*, canonnier; *Toubsulie*, *Crevel*, *Richard*, aspirans; *Janvier*, maître canon-nier; *Louis Clément*, canonnier; *Brun Clémence*, aide-canonnier; *Kerlo*, aide-canonnier; *Roze*, capitaine d'armes; *Loyaud*, maître canonnier; *Parson*, second maître canonnier; *Lebœuf*, canon-nier; *Liziard*, maître d'équipage; *Roboit*, canon-nier ; *Jean Baptiste-Nicolas Ferelbaut*, canonnier; *François Themoin*, *Jean Lebœuf*, *Pitard*, mâtelots-canonniers, *Dnffain*, maitre canonnier, *Bazil*, maitre voilier, *Jacques Baldevega*, *Hervé Crene*, maitre d'équipage, *Nicolas Piquet*, quartier-maitre, *Louis Colombel*, timonnier, *François Couillard*, timonnier, *Nicolas Benoit*, idem, *Debeque*, second maitre calfat, *Jean-Baptiste Talea*, timonnier, *Pierre Lebrun*, *Gabillard*, second maitre voilier, *Jean Clemence*, second Me d'équipage, *Bailly*, contre-maitre, *Maellier*, second calfat, *Dangoumard*, contre-maitre, *Le Roux*, idem, *Jean Allain*, aide-charpentier, *ambroise Lecorlay*, maitre charpentier, *Lesirate*, contre-maitre, *Chapelis*, *François Gaillard*, charpentiers, *Joseph Brouard*, quartier-maitre, *Merouse*, idem, *Nicolas Roze*, idem, *Kere*, gabier, *Legris*, timonnier, *Jean-François Moulinier*, gabier, *T. Tix*, gabier, *Jean Jiquel*, matelot, *Paon*, gabier, *Noel Camard*, gabier, *Désaunait*, idem, *Anouille*, idem, *Jarris*, idem, *Jarris*, *Henry*, *Hamon*, *Hamel Parrais*, *Dagorne*, *Gonidec*, gabiers; *Perrier* et *Carnel*, timonniers.

Nota. Ces signatures sont pour le journal du *Révolutionnaire* seulement.

Concitoyens, et vous Marins, nos Camarades,

Nous eussions gardé le silence sur les faits qui sont particuliers au vaisseau le *Révolutionnaire*, nous n'eussions jamais tenté de délier le faisceau des glorieuses palmes dont se sont couverts à Rochefort les instigateurs de notre arrestation, pour ressaisir celles que les dangers honorables du combat dudit vaisseau destinoient à son équipage, si, malgré cinq mois de détention, et malgré la révolution du 10 thermidor, et les décrets formels de la Convention nationale, concernant les marins, l'oppression la plus affreuse, ne pesoit encore sur nos têtes. Abandonnés par notre armée quand tout lui faisoit un devoir de nous secourir, calomniés à outrance, incarcérés quand notre civisme est écrit sur les bordages de notre vaisseau, oubliés dans les cachots quand la justice nationale libère partout ailleurs les malheureuses victimes de la tyrannie : tels sont les impérieux motifs qui nous contraignent à faire entendre nos plaintes.

Pour donner une idée plus claire de l'esprit inquisitorial de nos dénonciateurs, il suffit de vous dire que le citoyen Roze, capitaine d'armes du vaisseau le *Révolutionnaire*, a subi trois mois d'arrestation,

C

dont les motifs sont d'avoir dit, qu'il ne connoissoit point de coupables à bord, et de s'être entretenu avec plusieurs de ses camarades qui paroissoient penser comme lui ; cet acte fut surpris encore au représentant Topsent ; mais débarrassé des intrigans, il s'est empressé à son arrivée à Paris, de rendre à un brave Républicain la liberté qu'il ne lui avoit enlevée que par erreur : un arrêté du comité de sûreté générale, délivré sur la demande du représentant Topsent, la lui a rendue.

FAIT au Fort-la-loi, le 21 brumaire, troisième année républicaine.

Signé, *Dorré*, lieutenant de vaisseau, *Gllme Dumoncelle*, lieut. de vaisseau, *Nestout*, *J.-B.-Thomas David*, enseignes de vaisseau, *Y. -F- Ruelland, Lissillour, J. Henry, F. Poidloue, Leguen*, enseignes.

A BREST, chez GAUCHLET, Imprimeur-Libraire.

www.ingramcontent.com/pod-product-compliance
Ingram Content Group UK Ltd.
Pitfield, Milton Keynes, MK11 3LW, UK
UKHW021037220726
13924UKWH00001B/375